एक टुकड़ा आसमान

एक टुकड़े आसमान में कविताओं की उन्मुक्त उड़ान

BY

PUTUL 'SANJOGEETA'

 pencil

ISBN 978-93-5438-625-1

Published in India 2020 by Pencil

A brand of

One Point Six Technologies Pvt. Ltd.

123, Building J2, Shram Seva Premises,

Wadala Truck Terminal, Wadala (E)

Mumbai 400037, Maharashtra, INDIA

E connect@thepencilapp.com

W www.thepencilapp.com

DISCLAIMER: *The opinions expressed in this book are those of the authors and do not purport to reflect the views of the Publisher.*

Author biography

पुतुल 'संजोगीता' का जन्म पश्चिम बंगाल के एक गांव में हुआ और परवरिश हिमाचल की सुंदर पहाड़ियों और छत्तीसगढ़ में हुई। पढ़ाई और काम काज के सिलसिले में वो पुणे, दिल्ली में रहीं और अब वो बैंगलोर में हैं। लिखना उन्होंने बचपन से ही शुरू कर दिया था। उन्होंने बैंगलोर के कई मंचो पर अपनी कविताएं पढ़ीं हैं। साथ ही कई कविता संग्रहों और पत्रिकाओं में उनकी कहानियां और कविताएं छपी हैं।उनका जीवन भारत के कई राज्यों में बीता है और इसी यायावर जैसे जीवन का ख़ासा प्रभाव उनकी लेखनी में भी दिखता है। वो जहां शहरी जीवन पर लिखती हैं वहीं उनके लेखन में पहाड़ों में बीता उनका बचपन भी छलकता है। जहां उनकी वो रोज़मर्रा के जीवन से उठे अन्तर्द्वंद की बात करती हैं वहीं समाज के रूढ़िवाद पर तीक्ष्ण टिप्पणी भी। प्रेम के कई सुंदर और विभिन्न रूप भी उनके लेखन में नज़र आते हैं। उन्होंने अपने लेखन को अपने माता पिता को समर्पित करते हुए अपना लेखक उपनाम 'संजोगीता' चुना है। जो उनके माता पिता के नाम से जुड़कर बना है (संजय कांति घोष और गायत्री घोष)।

Contents

माँ बाबा को समर्पित।

माँ

से शक्ति पाई है तो बाबा से भाव,

माँ ने डांट लगा कर जीवन में संघर्ष का पाठ पढ़ाया

तो बाबा ने हर इच्छा पूरी की और सपने देखने का हौसला बढ़ाया।

चेहरे का नक्शा बाबा से पाया तो

माँ ने मन में एक अच्छे इंसान होने का नक्शा बनाया।

आज मैं जो कुछ भी हूँ

आधी - आधी तुम दोनों से ही हूँ।

तुम ही मेरे लिए इष्ट से परिपूर्ण हो और

भावुकता से भरे इंसान की सुंदरता का प्रमाण भी।

मैं जब तक हूँ इस संसार में मेरे साथ रहोगे तुम भी तुम्हीं सुख में मेरे सूरज होगे।

और दुःख में मेरे चन्द्रमा भी।

ज़िन्दगी

ज़िन्दगी

ऐसी जिओ, जब राख बन धुंआ हो जाओ,

तब भी किसी की ज़हन की वादियों में महकते रहो।

तुम्हारा अस्तित्व

मेरे

अस्तित्व से तुम्हारा अस्तित्व जुड़ा है,

क्युंकी मैं पिता हूँ।

मैंने तुम्हे जीवन दिया,

तुम्हे संभाला अपनी स्नेह की छाया में,

कठोर दुनिया की धुप को तुमसे दूर किया,

पर अब तुम पर मेरा अधिकार कहाँ है ?

मेरे लिए अंजान हो तुम,

अब मैंने तुम्हारा कन्यादान किया है।

मेरे अस्तित्व से तुम्हारा अस्तित्व जुड़ा है,

क्युंकी मैं पति हूँ।

मैंने तुमको एक घर दिया है,

तुम्हारे जीवन को एक नई दिशा एक नया अर्थ दिया है।

मैं इस जीवन के अंत तक तुम्हारे साथ रहूँगा,

वो स्त्री जो तुम में अभी कही अधूरी है, मैं उसे पूरा करूँगा।

पर अब मुझे जाना है, तुम्हे एक माँ होने का जो अधिकार दिया मैंने,

तुम्हे, उसे निभाना है।

अब मुझसे ज्यादा तुम्हारे अस्तित्व पर उसका अधिकार है,

अब मेरा ये अंश ही तुम्हारे जीवन का आधार है।

मेरे अस्तित्व से तुम्हारा अस्तित्व जुड़ा है,

क्युंकी मैं बेटा हूँ।

मैंने तुम्हारे स्त्रीत्व को पूरा किया है,

एक बेटी, एक पत्नी थी तुम मैंने तुम्हे मातृत्व का सुख दिया है।

पर अब तुम्हारे ममता की छाया से मुझे निकलना है,

मैंने अपने लिए एक पथ चुना है मुझे उस पर चलना है।

तुम्हे एक बेटी, एक पत्नी, एक माँ बनाया हमने,

तुम्हारे अस्तित्व को अपने ढंग में अपनी तरह गढ़ा हमने।

तुम्हे एक नया अस्तिव दे सके वो भूमिका अब हमारे पास नहीं है,

अब तुम्हे अपने लिए एक अस्तित्व गढ़ना है,

तुम क्या हो, जब हम नहीं है

इस सवाल का उत्तर ढूँढना है।

पर अब तो जीवन का ये सफ़र ख़त्म होता हुआ है दिखता,

काश ये सवाल तुमने खुद से पहले किया होता।

तुमने एक बेटी, पत्नी और माँ की भूमिका को निपुणता से निभाया,

पर भूल गई तुम खुदको कहीं, ये एहसास तुम्हे कभी नहीं आया।

तुम फिर से आओगी हमारे जीवन में,

पर इस बार अपने अस्तित्व का एक हिस्सा अपने लिए रखना,

अपनी अभिलाषाओं को अपने रंगों से उसको तुम गढ़ना।

माँ तुमसे है कहना

माँ

तुमसे मैंने जीवन में बहुत कुछ है पाया,

जीवन जीने का तरिका मुझे तुमने ही सिखाया,

पर आज मुझे तुमसे एक बात कहनी है,

जीवन के कई महत्वपूर्ण पाठ भूल गईं तुम,

आज मुझे तुमसे शिकायत करनी है।

माँ याद है जब वो लाल रंग मेरे जीवन में आया,

तुमने मुझे सबकुछ सिखाया,

पर यही लाल रंग मुझे करता है पूरा, ये नहीं बताया।

क्यों नहीं बताया तुमने, की ये रंग है जीवन का,

इसमें मेरी शक्ति छुपी है।

ये रंग नहीं करता मुझे अपवित्र,

ये कोई घृणास्पद दाग कोई अपराध नहीं है।

तुम गर्वित होना सदा स्वयं पे, इस लाल रंग पे,

क्यूंकि इसी रंग पे टिका है ये संसार,

इसी रंग से विधाता ने ये शृष्टि रची है।

माँ याद है वो दिन जब तुम्हारी ममता के आँचल निकाल,

तुमने मुझे बाहर की दुनिया में कदम रखने के काबिल बनाया,

कैसे खुद को बचाऊँ, इस दुनिया के गिद्धों से कैसे खुद को
छुपाऊँ ये पाठ भी पढ़ाया।

पर माँ, नीचता तो उनके स्वभाव में थी,

तुमने मुझको क्यों छुपना सिखाया ?

क्यों नहीं कहा मुझसे कि, खुल के सांस लूँ,

सीना तान माथा ऊंचा कर आगे बढ़ूँ।

क्यों नहीं कहा मुझसे कि अन्याय को सहना भी अपराध है बड़ा,

तू छिपना मत किसीसे, खुद को दृढ़ बना।

क्यों नहीं कहा की तू कमज़ोर नहीं है,

लड़ना खुद की लड़ाई, अन्याय का करना डट के सामना,

तू झुकना मत कभी, कभो किसीसे हार न मानना।

माँ याद है जब मेरे हाथों में तुमने वो लाल रंग का जोड़ा था थमाया,

हिदायतें दी थी बहुत, बड़े लाड़ से था मुझको सजाया।

पर क्यों नहीं कहा तुमने की ये लाल जोड़ा ही बस मेरे जीवन का आधार नहीं है,

ये तो मात्र एक हिस्सा है मेरे अस्तित्व का, मेरा पूरा संसार नहीं है।

क्यों नहीं कहा तुमने कि, तुम इस लाल जोड़े को स्वीकार करो न करो,

नाम की ये लड़ाई लड़ो न लड़ो, ये निर्णय बस तुम्हारा ही है,

किसी समाज का इस पर, तुम पर कोई अधिकार नहीं है।

क्यों नहीं समझाया, की ये सिन्दूर, चूड़ी, बिछिया, पायल बस
दकियानूसी परम्पराएं ही है।

प्रेम है तुम्हारे संबंधों का इक मात्र आधार,

इनका तुम्हारे भविष्य की खुशियों से कोई सरोकार नहीं है।

माँ काश के तुमने मुझे ये सब समझाया होता।,

तो आज मैंने अपनी गरिमा, अपनी स्वतंत्रता तरह न गवायाँ होता,

कभी किसी के पैसों की भूख ने, कभी किसी की नीच नियत

ने मुझे हर रोज़ न सताया होता।

माँ अगर तुमने मुझे ये सब समझाया होता,

तो मैंने कम से कम एक इंसान होने का अधिकार तो पाया होता।

इंसानों की इस बस्ती में,
इंसानों ने ही मोल ना पाया

इंसानों

की इस बस्ती में, इंसानों ने ही मोल ना पाया,

पत्थरों को भगवान बनाकर, चार दीवारों में छुपाया,

भूल गए हम, खुले आसमानों में उड़ने वाले उस पंछी को भी ईश्वर ने ही बनाया।

फल, फूल, दूध, दही का चढ़ावा उस पत्थर को चढ़ाया,

इंसानों की भूख को भूल गए हम, जिसको उसी इश्वर ने बनाया।

इन पत्थरों के नाम पर हर दिन का एक रंग बनाया,

भूल गए हम इस संसार के हर एक रंग को उसी इश्वर ने बनाया।

पत्थरों से बनी उस देवी को, कपड़ो, गहनों से सजाया,

भूल गए करना उस औरत का सम्मान जिसको उसी इश्वर ने बनाया।

पत्थरों का धर्म बनाकर, उस एक दूजे का खून बहाया,

भूल गए हम हर इंसान को एक सा, उसी इश्वर ने बनाया।

इंसानों की इस बस्ती में इंसानों ने ही मोल न पाया,

पत्थरों की पूजा करते करते, ईश्वर के बनाये उस इंसान ने,

अपने अन्दर के इंसान को ही गंवाया।

डब्बों में सिमटी ज़िन्दगी !

हर

सुबह उठकर जब मैं सूरज की किरणे ढूंढती हूँ,

एक डब्बे से झांकती हुई हिचकिचाती सी किरण मुझसे मिलने आती है।

मैं उसे बाहों में भरना चाहती हूँ, पर वो डर जाती है,

कहती है, जैसे मैं इस डब्बे में सिमट गई हूँ, वो वैसे खोना नहीं चाहती,

एक टुकड़ा नहीं उसे पूरा आसमान चाहिए, खुद को पहचान सके कम से कम

ऐसा एक जहाँ चाहिए।

जब मैं हरी ज़मीन का आँचल ओढ़ना चाहती हूँ, वो खुद में सिमट जाती है,

डब्बों के इस जंगल को वो समझ नहीं पाती है,

मैं उसमे खुद को समां लेना चाहती हूँ, पर वो मुझसे दूर चली जाती है,

कहती है, मेरे जैसे वो खुद को बांध नहीं सकती

उसे अपना आंचल सारे जहाँ में फैलाना है,

नाकि बटें हुए इन बंद डब्बों में सिमट कर अपना अस्तित्व खोना है।

जब मैं उस पंछी के साथ गुनगुनाना चाहती हु, वो चुप हो जाती है,

इन डब्बों में बसे उस दबे हुए शोर की आवाज़ वो समझ नहीं पाती है ।

मैं उसके गीतों को अपना बनाना चाहती हूँ, पर वो मेरे अन्दर कोई संगीत देख

नहीं पाती है,

कहती है, मेरी तरह इन डब्बों में बसे शोर में वो खुद के सुरों को खो नहीं सकती,

उसके गीत सारे जहाँ में गूंजते जाएँगे,

मेरे इन डिब्बों के शोर में तो, वो कहीं दूर खो जाएँगे।

इस डब्बों के शहर में क्या पाया मैंने,

ना मुझे अँधेरे से जगाने वाली सूरज कि किरण मेरे पास है,

इन डब्बों में बसी उन ठंडी भावनाओ से खुद को बचा पाऊं.

ना उस ज़मीन के आँचल को ओढने की आस है,

सब भूलकर गुनगुनाऊ वो गीत भी ढूंढ नहीं पाती हूँ,

डब्बों में बसे उस डरे हुए शोर में ऐसे उलझ कर रह जाती हूँ।

काश के एक दिन ये डिब्बे ढह जाएं,

इन डब्बों के अन्दर बसे वो मुर्दा जिस्म इंसान बनकर बहार आयें,

सूरज की किरणों को बाहों में भरकर, इस ज़मीन के आँचल में सिमट पाएं.

वो गीत जो खो गए हैं, उनके सुरों को मिलाकर एक नया गीत गुनगुनाऐं।

जो मैं होती चांदनी और जो तुम होते चाँद

जो

मैं होती चांदनी और जो तुम होते चाँद,

अपने प्रेम के बंधन में मैं तुमको लेती बाँध।

पर ना तो मैं हूँ चांदनी और नाही तुम हो चाँद,

तुम ही बोलो फिर किस बंधन में तुमको लूँ मैं बाँध।

न तुम बंधते हो, न तो समय बंधता है,

मेरे मन में अजीब सा एक द्वन्द चलता है।

तुम ही बोलो इस द्वन्द को इस पागल मन को कैसे लूँ मैं थाम,

अगर ना थाम पाऊँ तो बोलो, क्या तुम आओगे दोगे मेरा साथ ?

मैं जानती हूँ तुम नहीं आओगे, नहीं दोगे मेरा साथ,

फिर भी मैं यही सोचती हूँ,

जो मैं होती चांदनी, और जो तुम होते चाँद।

मैं राधा नहीं

राधा

ने भी प्रेम किया था,

अपना सबकुछ मोहन को दिया था।

उसने भी तो सच कहा था,

प्रेम का सारा दुःख सहा था।

उसे क्यूँ नहीं मिला सबकुछ ?

उसकी तो पूरी श्रद्धा थी,

उसके मन में पूरी निष्ठा थी।

उसने क्या ऐसा छोड़ दिया,

के विधाता ने विधान मोड़ दिया।

सारा जीवन जिसको अर्पित था वो अंत में किसी और को क्यूँ समर्पित था ?

राधा ने दुःख का सागर पिया था,

सहन शक्ति का अद्भुत उदहारण दिया था।

उसके मोहन को न पाना सचमुच अचरज था,

पर अचरज नहीं उसक दुःख का सागर पी जाना था।

मोहन तो सदैव ही राधा का कहलाता है,

राधा को उस प्रेम के कारण ही पूजा जाता है।

तुम भी तो मेरे मोहन हो,

मैंने भी तुमसे प्रेम किया है,

अपने मन को पूरी श्रद्धा से तुम्हे दिया है।

पर राधा का देवत्व मुझमे नहीं है,

मैं तो बस साधारण प्राणी हूँ, मेरा मन भी वही है।

केवल राधा के जैसे प्रेम में मेरे सत्यता है कहीं।

और मेरे प्रेम का आधार भी है वही।

मैं तुम्हारे अलगाव की पीड़ा को सह नहीं सकती,

तुम्हारे प्रेम की छाया से दूर रह नहीं सकती,

आशा है मेरे मन को संभालकर रखोगे तुम,

मुझमे राधा का साहस, उससी सहनशक्ति नहीं ढूँढोगे तुम।

तुम मेरे प्रेम के बहाव तो अपने मन में भी बहने दोगे,

तुम मेरे मोहन हो और सदा मेरे ही रहोगे।

बारिश

बारिश

वाली एक वो शाम थी,

सड़क किनारे झगड़े थे हम, तर बतर पानी में भीगते हुए

कभी रूठते, कभी मनाते, सरसराती ठण्ड से कांपते हुए।

बारिश वाली एक वो शाम थी,

जब एक छोटी सी छतरी लेक र मैंने तुमको घर तक छोड़ा था,

वो अदना सी छतरी बारिश के तेज़ झोंके रोक सके इतनी कहाँ औकात थी उसकी

वो तो तुम्हारे साथ चंद लम्हे चुराने का एक बहाना था।

बारिश वाली एक वो शाम थी,

जब तुम मिलने नहीं आये थे,

खिड़की के किनारे बारिश की बूंदों से खेलते हुए,

न जाने कितने घं टे हमने फ़ोन पर, बातें करते हुए बिताए थे।

बारिश वाली एक शाम आज भी है पर,

अब हम झगड़ते नहीं है,

अदना सी वो छतरी आज भी है कहीं, पर अब हम साथ चलते नहीं है।

अब हम साथ में बारिश को साथ में बैठकर तकते ज़रूर है,

पर करने को बातें नहीं है।

बारिश वाली वो शाम तो आज भी आई है,

पर बूंदों में अब वो बात नहीं है।

साँसे

तुम

शायद मेरे लिए चलती साँसों के जैसे हो गए हो,

साथ रहते हो पर तुम्हारे साथ का एहसास नहीं होता,

जब तक थम जाने की नौबत न आये,

तब तक तुम्हारी ज़रुरत का आभास नहीं होता !

कभी बातें तो नहीं की साँसों से,

पर मेरे साथ वो भी, कभी धीमी होती, कभी चढ़ती जाती है,

पर पता भी नहीं चलता।

तुम वैसे ही रोते हो, हँसते हो साथ मेरे, पर तुम्हारे हंसने -
रोने का ख्याल नहीं आता !

बात ये नहीं की तुम्हारी ऐहमियत की समझ नहीं मुझे

पर साँसे जिस्म का हिस्सा ही तो है,

वैसे ही तुम्हारे खुद से अलग होने का एहसास नहीं होता।।

वो खंडहर

कभी

कभी यूँ ही मुड़कर उन खंडहरों में घूम आती हूँ,

ऐसा नही उसे फिरसे बसाने का अरमान है।

पर, उन टूटी फूटी दीवारों के बीच ज़िंदगी हँसती थी कभी,

वहाँ जहाँ मकड़ी के जाले हैं अब, सपने बस्ते थे कभी,

वो उजड़ा सा बगीचा रंगों से खेलता था कभी,

उन धूल से भरी तस्वीरों में मुस्कुराते लम्हे बस्ते थे कभी,

मैं तो वहाँ बस अपने ज़िंदा होने का एहसास करने चली जाती हूँ

उस बर्बाद खंडहर से इतनी मोहब्बत थी कभी,

की अब उसकी बर्बादी पे रोना नही आता,

बस एक सकून है की वो अब भी खड़ा है वहीं

रिश्ते

अजीब

होते हैं ये रिश्ते,

रिवाज़ों और दस्तखतों के बीच में खो जाते हैं मायने,

बंद दरवाज़ों के अंदर सिसकियाँ भरते है,

पर कोई खोलता नहीं दरवाज़े की कड़ी,

दो जिस्म तो मिल जाते हैं आपस में,

लेकिन रूह को खबर तक नहीं होती !

और कुछ रिश्ते वो भी होते हैं

कभी कोई रस्म, कोई कागज़ का टुकड़ा, कोई दस्तखत नहीं होता,

पर, लगता है जैसे एक ही रूह को दो जिस्मों में भर दिया हो उसने।

लफ़्ज़ों की ज़रुरत नहीं होती, बस धड़कनें करती है बातें,

नाही कोई बंधन है होता, ना किसी को बांधने की चाहत है होती

होता है तो बस एक दूसरे के साथ होने का एहसास,

लम्हों से ज़िन्दगी नहीं होती,

हर एक लम्हे में ज़िन्दगी होती है !

मुद्दा क्या है

मुद्दा

है ही यही की कोई मुद्दा ही नहीं,

तो चलो इधर - उधर, यहाँ - वहां से किसी मुद्दे की पूँछ ही पकड़ लें,

कुछ और बन पढ़े ना पढ़े,

एक बेमतलब सा मुद्दा अपने नाम ही करले,

कम से कम मुद्दे की पूँछ में मुद्दे सी आफत तो नहीं,

पीछे ही तो रहना है, असल में कुछ करने की ज़रूरत भी नहीं !!

झांसी की रानी से एक मामूली कर्मचारी
तक का सफर।

बैंगलोर

की सड़कों पर हर सुबह मैं खुद को झांसी की रानी सा समझती हूँ,

अपनी दू - पहिया मोटर पे सवार गड्ढों से बने रास्तों,

लाल बत्तियों और इधर उधर से आती जाती गाड़ियों

के बीच से जब रास्ता बना, अपनी रणभूमि (दफ्तर) पहुँचती हूँ।

मगर रणभूमि पहुँचते ही असलियत सामने आ जाती है,

जब यहाँ प्रवेश के लिए भी एक अदना सी मशीन की इजाज़त लेनी पढ़ती है।

जब लैपटॉप की तोप से मेलों की बौछार होती है,

मैं चुप चाप सारे हथियार डाल देती हूँ।

आत्म समर्पण करती हूँ और अपने क्यूबिकल रूपी कारागार में बंद हो जाती हूँ,

न जाने कितने सालों से ये सिलसिला चला जा रहा है,

जब मैं हर सुबह झांसी की रानी और फिर एक मामूली कर्मचारी बन जाती हूँ।

नारीवाद का ड्रामा

मेरे

दफ्तर के नीचे एक पान वाले की है दुकान,

दुकान वाला लगता है, यू पी का हैं जनाब

मैं अक्सर उससे पान - खजूर लेती हूँ,

कभी कभार कुछ बातें करने की कई कोशिशें भी करती हूँ,

पर ऐसा लगता है की वो मुझसे बात करते हुए कतराता है,

बहुत सोचा पर कारण समझ नहीं आता है,

आज मैंने उससे आखिर पूछ हि लिया,

भैया आप क्या यू पी से हैं ?

ये पान खजूर तो बहुत बढ़िया बनातें है,

क्या इस शहर की हवा आपको अभी तक नहीं भाई है ?

क्यों इतने चुप चाप से रहते हैं

क्या कोई समस्या छायी है ?

वो पहली बार थोड़ा सा मुस्कुराया,

बोला मोहतरमा गप्पें तो हग बहुत हांकते हैं,

पर इस शहर की महिलाओं से ज़रा कतराते हैं।

मैंने पुछा महिलाओं ने उसका ऐसा क्या बिगाड़ा है,

वो बोला नहीं नहीं अभी तक कुछ बिगाड़ा तो नहीं है,

पर सुना है शहरों में पढ़ी लिखी,

ए सी ऑफिसों में काम करती हुई, बड़ी गाड़ियों में घूमती हुई,

महिलाओं ने मिलकर कोई मोर्चा संभाला है।

सुना मोर्चे का नारीवाद के नाम से बोलबाला है।

अब मतलब तो कुछ हमें समझ नहीं आता है,

पर मुन्नी की अम्मा ने पिछले दिनों संभल कर रहने को कहा था,

बोला पास के बिरजू की बढ़ी धुनाई हुई उस दिन, गलती से एक महिला से टकरा

गया था,

सुना है उस महिला के हाथों में जो नारीवाद का जो झंडा था ज़रा बिगड़ गया था।

अब हम तो इस शहर में दो वक़्त की रोटी कमाना चाहते हैं,

मुनिया को पढ़ा लिखा कर डॉक्टर बनाना चाहते हैं।

सीधी सादी सी ज़िन्दगी है मैडम,

इसलिए इस शहर की महिलाओं और नारीवाद से बहुत घबरातें हैं।

चलो एक बार फिर इन जूतों को उतार दें

चलो

एक बार फिर इन जूतों को उतार दें

ज़मीन से वो नाता फिर एक बार जोड़ लें,

वो कांटे जो चुभे थे पैरों में तब

न जाने क्यों, उनकी टीस बड़ी मीठी सी लगती है अब,

इन चमचमाते पैरों को चलो फिर से मिटटी से सवार लें,

चलो एक बार फिर इन जूतों को उतार दें.

पुरानी डायरी

अलमारी

की किसी भूली हुई दराज से, आज वो पुरानी डायरी निकल आई.

थोड़ी खट्टी, थोड़ी मीठी नजाने कितनी यादें साथ ले आई,

सोचा था आज का दिन भी गुज़र जाएगा मुर्दों की तरह,

पर एक पुराने दोस्त के जैसी वह डायरी, आज के लिए थोड़ी सी ज़िन्दगी साथ ले

आई !

ख़लिश

आजकल

हर सुबह पूछते हो तुम मुझसे

बड़ी थकी थकी सी लगती है आँखें तुम्हारी

शायद सोई नहीं हो रात भर !

हैरान हु मैं अपनी किस्मत पर,

खुश हूँ की चलो तुम्हे ख्याल तो आया मेरा,

या गम करूँ की मेरे तकिये का कोना जो गीला है आज फिर,

तुमने एक बार भी गौर नहीं किया उसपर.

मेरी कहानियां

कभी

-

कभी

कहानियां लिखती हूँ,

कुछ बीते हुए लम्हों को नया मोड़ देकर,

कुछ आने वाले कल के सपने सजाकर।

और इंतज़ार करती हूँ,

पर ना बीता हुआ पल बदलता है,

ना ही आने वाला कल सवांरता है,

रह जाती है तो मेरी कहानियां,

जिनके साथ ख्यालों में ही सही, मेरे सपने मेरी उम्मीदें सांस लेती हैं,

जिनके साथ शब्दों में ही सही, पर थोड़ी सी ज़िन्दगी जी लेती हूँ मैं !

सवाल

सोचती

हूँ की ये ज़िन्दगी, शायद ऐसी ही होनी थी

इतना ही मिलता था शायद !

पर फिर भी लगता है

उस मोड़ पे जाकर देख आऊं एक बार !

कुछ सवाल जो छोड़ आई थी वहां,

शायद अब उनका जवाब मिल जाये !

पापा की गुड़िया

दिल

करता है फिरसे पापा की गुड़िया बन जाऊं,

थके हारे जब लौटे पापा, अपनी छोटी - छोटी हथेलियों से उनका माथा सहलाऊं।

कड़कती सर्दियों में पापा की शौल में लिपटे हुए,

उनकी गोद में ही सो जाऊं।

माँ जब डांटे किसी बात पर,

तो पापा के पास अर्ज़ी ले जाऊं।

पापा के साथ नुक्कड़ की उस दूकान पे जाकर,

मनमानी कर खूब सारी चॉकलेट ले आऊं।

बहुत हुआ ये खेल बडों का,

दिल करता है बस अब पापा की गुड़िया बन, उस चौखट फिर लौट जाऊं।

कुछ खो गया है शायद

हर

वक़्त लगता है की कुछ कीमती सा खो गया गया है,

ढूँढने निकलती हूँ जब, तो क्या खोया मैंने समझ नहीं आता है

लगता है जैसे वो किताब जो पढ़नी शुरू की थी मैंने, वो अब भी अधूरी है,

पर पन्ने छानती हूँ जब तो वो खोया हुआ जुमला कहीं मिल नहीं पता है

लगता है जैसे अरसों हुए घर लौटे,

घर की तरफ निकलती हूँ जब तो लौट जाने का रास्ता नज़र नहीं आता है

कभी हँसते - हँसते एक आंसू पलकों पर उतर आता है,

फिरसे मुस्कुराने की कोशिश करती हूँ जब, तो वो हँसता सा लम्हा याद नहीं

आता है।

ख़्वाहिश

कहीं दिल के कोने में दबी।

झांकती हुई एक छुपी सी ख़्वाहिश है कहीं......

आसमानों में उड़ने की नहीं,

पर अपनी सी लगे जो,

उस एक टुकड़े ज़मीन को पाने की।

एक छुपी सी ख़्वाहिश है कहीं......

सूरज के उजाले को छोड़कर,

एक अपना सिर्फ अपना खामोश अँधेरा सा कोना ढूँढने की।

एक छुपी सी ख़्वाहिश है कहीं.....

अपने आस पास की मुस्कुराहटों से दूर जाकर

एक छोटी सी मुस्कराहट अपने अन्दर ढूँढने की।

एक छुपी सी ख़्वाहिश है कहीं....

दूसरों की आशाओं को भूलकर

थोड़ी देर के लिए ही सही, पर खुदगर्ज़ हो जाने की।

ज़िन्दगी का खाता

एक

खाता रहता है साथ मेरे,

राशन की फेहरिस्त किसी पन्ने पे है,

तो महीने का हिसाब कहीं।

पर कुछ पन्नों पर गीत भी लिखे हैं।

जो युंही अचानक खुल जाते हैं कभी।

और यादों का पिटारा साथ ले आते हैं यूँही।

ये खाता ऐसे ऐसे ही धीरे धीरे भरता चला जा रहा है,

देखना बस इतना है की

फेहरिस्तों, हिसाबों और यादों से भरे इस खाते में

आखरी पन्ने पे ही सही क्या लिखी होगी

थोड़ी से ज़िन्दगी।

गुलाबी ड्रेस

माँ

ने अपनी सबसे पसंदीदा साड़ी से मेरे लिए वो गुलाबी ड्रेस बनवाई थी।

बहुत सालों तक वो गुलाबी ड्रेस मेरी सबसे चहेती रही।

दीदी की शादी या दोस्त का जन्मदिन,

हर ख़ुशी में वो गुलाबी ड्रेस मेरे साथ रहती थी

और मैं भी उसे पेहेन किसी राजकुमारी सा इतराती।

पर जैसे जैसे मेरा कद बढ़ा उस गुलाबी ड्रेस से जैसे मेरा नेता टूट गया

वो शायद अलमारी में पढ़ी मुझे याद करती रही।

और मैं उसे छोड़ अपने बढे होने के गुरूर में,

बाकी पोशाकों के साथ अपनी खुशियां बांटती रही।

पर आज वो गुलाबी ड्रेस बहुत याद आती है।

हरी नीली, लाल साड़ियों के बीच मेरी आँखें

उसे ही ढूंढती है।

कभी कभी सपनों में माँ वो गुलाबी ड्रेस अपने साथ ले अति है

मैं उसे पहन माँ की गोद में बैठे फिर किसी राजकुमारी सा इतराती हूँ

और माँ मुझे धीरे धीरे थपकियाँ देकर सुलाती है।

पर सुबह होते ही माँ और वो गुलाबी ड्रेस नजाने कहाँ चली जाती है।

मैं दूसरी पोशाकों से अपना मन बहलाने की बहुत कोशिश करती हूँ।

पर आज अब वो गुलाबी ड्रेस सचमुच बहुत याद आती है।

वो खाली खोखली आँखें

वो

भिखारिन यूँ ही मेरी रंगीन नज़रों के सामने आ गयी थी।

मैले कुचैले कपडे और हाथमें बिलबिलाता बच्चा

मैंने उसकी आँखों में ये सोच कर झांका की कहीं कोई दर्द नज़रआये,

और मुझे भी इसी बहाने अपनी ज़िन्दगी थोड़ी बेहतर नज़र आये।

पर वो आँखें बिलकुल खाली खोखली निकली,

जैसे कोई अँधेरी सुरंग हो

उस पार क्या है कोई खबर नहीं।

फिर मैंने उसके बिलबिलाते बच्चे के मासूम चहरे पर अपनी आखें गढ़ाई,

की कहीं कोई दर्द दिख जाए और मुझे भी अपनी ज़िन्दगी थोड़ी बेहतर नज़र आये।

पर उसका कोई चेहरा था ही नहीं,

बंजर किसी ज़मीन सा सपाट,

न नाक थी, न मुँह था

बस आँखें थी वो भी बिलकुल खाली खोखली।

हाँ कुछ सूखे आसूओं के निशाँ तो थे,

वो नजाने इस बंजर ज़मीन पर कहाँ से आये थे।

फिर मैंने अपना मन टटोला वो भी बिलकुल खाली खोखला,

झुंझला के मैंने उन दोनों के चेहरे से अपनी नज़रें हटाई,

क्यूंकि उन खोखली आँखों में मुझे अपने चेहरे का अक्स दिखाई दिया कहीं।

तसल्ली दी खुद को की इन खली खोखली आँखों को मेरी दया की

जरूरत नहीं।

मगर वो आँखें

वो खाली खोखली आँखें

न जाने क्यों बहुत देर तक मेरे साथ साथ रहीं।

भूली हुई गलियां

एक्सेल

शीट के डब्बों से गुज़रते हुए

कभी कभी मैं रास्ता भटक जाती हूँ और उन पुरानी गलियों में पहुँच जाती हूँ।

वो गलियां जो घर के बगीचे से गुज़रती हैं,

गुलाबी, पीले, सफ़ेद गुलाबों की खुशबू से महकती हैं,

और बागीचे का वो गेट जिसके उस पार से घूरता हुआ वो पर्वत

सफ़ेद चादर ओढ़े खड़ा है

हरी घास के कालीन से सजे लान पर बैठे बैठे

माँ ने मेरे लिए फिर नया स्वेटर बना है।

मिल आती हूँ उस फेरी वाले से फिर एक बार,

सोचती हूँ की क्या इसके गाल सच मच ही हैं इतने लाल ?

या ये भी है पड़ोस की दीदी के गालों के रूज़ का कमाल।

उसी गली में बाबा भी हवा से बाते करते हुए अपने नीले बजाज

चेतक पर सवार मिल जाते हैं।

मुझे तो नीले स्कूटर पर सवार बाबा

शूरवीर महाराणा प्रताप से काम नज़र नहीं आते हैं।

और यही गली मुझे लाल ईटों से बने मेरे स्कूल तक ले जाती हैं,

जिसके मैदान में मुझे भैया की वो मेले से लायी हुई पांच रुपये

वाली बाली भी पढ़ी मिल जाती है।

यही गली आगे चलकर मुझे उस आम के पढ़ के नीचे ले जाती है।

और अब भी उस आम के पढ़ की वो आधी टूटी हुई डाली

मुझे चाचा की याद दिलाती है।

और फिर अचानक मेरे लैपटॉप की घंटी बज जाती है,

और मुझे उन एक्सेल के खाली डब्बों में बेमतलब से आंकड़े

भरने वापिस ले जाती है।

और ये सवाल भी खड़ा कर जाती है,

की ये एक्सेल का डिब्बा तो किसी न किसी आंकड़े से भर जाएगा

मगर ज़िन्दगी का ये जो डिब्बा खाली हो गया है

उसे नजाने कौन सा आंकड़ा भर पायेगा।

वो अधूरी सी नज़्म

वो

नज़्म यूँ ही राह चलते मुझसे मिली थी,

उस रोज़ वक़्त न था मेरे पास तो कुछ बातें जो करनी थी उससे,

अधूरी रह गई थी।

वक़्त के साथ वो नज़्म भी मेरे ज़हन से कुछ भूलती सी रही,

हाँ बस इतना याद आता था की उसका चेहरा तुमसे मिलता था कहीं।

कभी शाम की तन्हाई में,

मैंने उसे पास बुलाने की बातें जो अधूरी रह गई थी, उन्हें पूरा करने की बहुत
कोशिश की।

पर वो नज़्म शायद मुझसे अब रूठ चुकी है,

जैसे तुम अधूरे रह गए मेरी ज़िन्दगी में,

वो रूठी सी नज़्म भी अधूरी ही है, और अब शायद अधूरी ही रहेगी।

शायद तुम थे।

आज

शाम फिर कुछ पुराने गीत सुनते हुए कुछ

गले में अटक गया था

शायद तुम थे।

वो किसी अनजान के चेहरे की मुस्कराहट देख उस दिन

जो गले में अटक गया था

शायद तुम ही थे।

उस वीरान सी गली से गुज़रते हुए

और कोने में उस टूटी चाय की टपरी से आती हुई महक से

कुछ गले में अटक गया था

शायद तुम थे।

उस पुरानी डायरी के पन्ने पलटते हुए

सूखे हुए फूलों को सहलाते हुए

उस रात जो गले में अटका था

शायद तुम थे।

यूँ ही बिन बुलाये बिन बताये तुम आते हो

और गले में यूँही अटक जाते हो।

सोचती हूँ किसी दिन तुम

गले से आँखों तक का ये सफर भी तय करोगे।

आँखों से बह जाओगे और फिर कभी गले में नहीं अटकोगे।

पर शायद अब बहुत वक़्त बीत चूका है,

आँखों में बसे जिस सागर की लहरों में बह तुम निकल सको।

वो सागर सूख चूका हैं।

शायद वक़्त के साथ

वो पुराने गीत, वो गली, वो चाय की टपरी और वो डायरी

धुंधले हो जाएंगे सभी।

और शायद तब जाकर तुम भी एक एक धुँधली सी याद हो जाओगे बस,

और गले में फिर न अट्कोगे कभी।

प्रगति की लहर

सुना

है इस देश में प्रगति की लहर आई है,

मेरे घर के सामने से गुज़रती हुई चौड़ी चौड़ी सड़कें भी मुझसे यही कहती है,

प्रगति के आने से ही मैने ये शकल पायी है।

उन सड़कों पे दौड़ती हुई तेज़ गाड़िया जब मेरे पास से गुज़रती है,

वो भी मेरे कानों में ऐसा ही कुछ कहती है।

और ऊंची ऊंची इमारतें जब मेरी और देखती हैं

तो प्रगति वाली हील पहन वो

और ऊँची दिखती हैं।

फिर क्या मेरे गाँव की ज़मीन तक अभी ये खबर नहीं पहुंची है,

की उसके चमड़ी पे दरारे है

और फसल से लहलहाने वाले होंठ सूख गए हैं।

क्या वो इतनी नासमझ है की प्रगति वाली ये क्रीम उसने अब तक नहीं लगायी है।

क्या उसे नहीं मालूम की हम बढे जा रहे है एक सुन्दर सशक्त देश की तरफ,

फिर वो ज़मीन क्यों दहाड़े मार मार के रोती हैं.

क्यों चुप चाप दम तोड़ नहीं देती,

न जाने किसकी सहमति की आस लिए बैठी है।

क्यों वो बार बार अपना कुरूप चेहरा सामने ले आती है,

और प्रगति के पाउडर से लिप इस देश की बड़ी बड़ी सड़को, इ

मारतों की खूबसूरती को

दाग लगाती है।

क्या ये इतनी नासमझ है

की ये नहीं जानती की इसके कटे फटे चेहरे पर

या इसके आत्महत्या कर लेने पर

ये प्रगति की लहर रुकेगी नहीं।

हम ढांक लेंगे इसकी बदसूरती को

चौड़ी चौड़ी सड़कों के और ऊँची ऊँची इमरतों के पीछे,

क्या ये नहीं जानती की प्रगति की लहर में बह चले इस देश के चमचमाते चेहरे पर,

इस भद्दे से दाग का कोई अस्तितव नहीं,

फिर भी नजाने क्यों ये दहाड़े मार मार के रोती है.

क्यों ज़िंदा है अब भी

क्यों चुप चाप दम तोड़ नहीं देती है।

अंत में

अंत में कहानी तो सभी बन जाते हैं...

मैं कविता बनना चाहती हूँ।

9 789354 386251